まっちんの かんたん 焼きおやつ

町野仁英

マイナビ

焼きたてほかほかの温もりに、みんなのにっこり笑顔。
さあ、おやつの時間にしましょう。

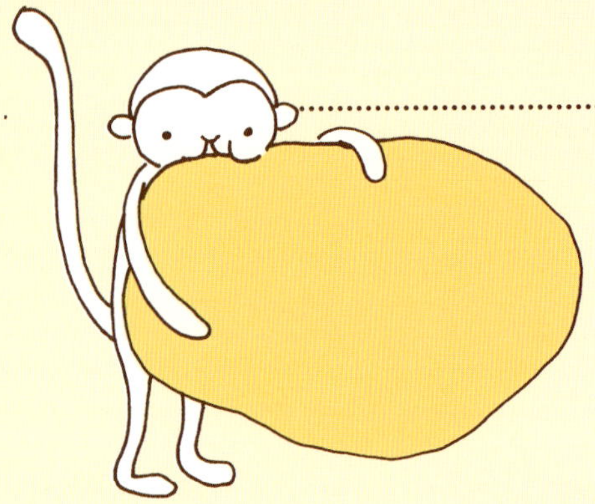

はじめに

こんにちは、まっちんです。
「おやつ」って、みんなの心を
わくわくさせてくれる言葉です。
だけど、けっして特別なものではなく、
いつもの日常に当たり前にあるもの。
自分の作るおやつも、子どもからお年寄りまで、
みんながにっこり笑顔になって心がほっと和むような、
そんなものでありたいなぁ、と思っています。

20代半ばからお菓子作りの道へ進み、
これまで、昔から日本で愛されているような
素朴な和のおやつを作ってきました。
そんなぼくがはじめて挑戦した“焼きおやつ”。
肩ひじはらずに気楽に作れて、毎日食べても飽きない、
そんなことをいちばん大切に考えました。

身近な材料と道具で、混ぜて焼くだけ。
ややこしい工程はひとつもありません。
家庭で何度も作ってほしいから、
できるだけヘルシーに、お財布にもやさしく。
分量も覚えやすく工夫しました。

定番のクッキー、マフィン、ホットケーキ、
そして、自分らしい和のもなかやおもち。
食感や味わいの違ういろんな焼きおやつが登場します。
焼いている間のドキドキ楽しい気持ち、
できたてほかほかをほおばる幸せ。
そんな手作りならではの魅力を
たっぷりと感じてもらえたらうれしいです。

さあ、みんなで一緒にわいわい作って、
楽しくおいしく食べましょう。
おやつの時間、はじまりです。

もくじ

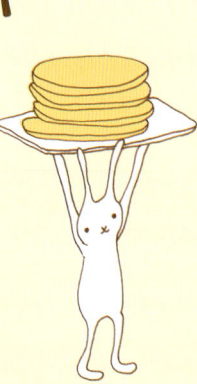

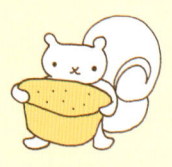

part4

もなか

part5

おもち

この本のきまり

- 小さじ１は５㎖、大さじ１は15㎖、１カップは200㎖です。
- 卵はMサイズを使用しています。
- オーブンの焼き時間と温度は、あくまでも目安です。型の大きさや深さによって変わるので、サイズの異なる型を使う場合は時間を調節してください。また、オーブンの機種や熱源によっても焼き時間は変わってくるので、お持ちのオーブンの特徴をふまえて調節してください。

part 1

クッキー

材料を混ぜたら手で丸めて焼くだけのかんたんクッキー。
ぼくがまんじゅうを作るのに慣れているせいか、
型を使わずに手で成形する作り方になりました。
さくさく、ぽりぽり、ふんわり、ほろほろ。
いろんな食感のクッキーをみんなで楽しく作りましょう。

さくさくクッキー

さくさくとした軽い食感のシンプルなクッキー。
薄力粉に同量の片栗粉を加えるのがポイントです。
豆乳の代わりに水を入れてもおいしくできます。

材料（約10個分）

薄力粉　50g
片栗粉　50g
ベーキングパウダー　3g（小さじ1）
砂糖　20g
植物油　20g
豆乳（または水）　30mℓ

下準備

- オーブンを180℃に温める。
- 天板にクッキングシートを敷いておく。

作り方

1
ボウルに砂糖、油、豆乳を入れ、ゴムべらでよく混ぜ合わせる。

2
薄力粉、片栗粉、ベーキングパウダーを合わせてふるい、**1** に加え、ゴムべらでさっくりと混ぜる。粉っぽさがなくなってきたら、生地を手で軽くひとまとめにする。

3
1個分ずつちぎって軽く丸め、天板に並べる。

4
180℃のオーブンで20分焼く。焼きあがったら天板の上で冷ます。

まっちんメモ
クッキーの大きさは直径 2 〜 3cm を目安に。生地をギュッとにぎってから丸めるとまとまりやすくなります。
冷たくなったクッキーは、180℃のオーブンで 10分焼くと、さくっとした食感が戻ります。

さくさく
アレンジ
1

ココアくるみクッキー

ココアパウダーを少し混ぜるだけで洋風に。
くるみを入れて香ばしさをプラスしました。

材料（約10個分）

A
- 薄力粉　50g
- 片栗粉　50g
- ベーキングパウダー　3g（小さじ1）
- ココアパウダー　2g（小さじ1）

B
- 砂糖　20g
- 植物油　20g
- 豆乳（または牛乳）　40mℓ

くるみ　30g

下準備

- 「さくさくクッキー」と同じ。
- **A**を合わせてふるっておく。
- くるみを炒って粗く刻む。

作り方

1. ボウルに**B**を入れ、ゴムべらでよく混ぜ合わせる。
2. ふるっておいた**A**とくるみを加え、ゴムべらでさっくりと混ぜる。粉っぽさがなくなってきたら、生地を手で軽くひとまとめにする。
3. 1個分ずつちぎって軽く丸め、天板に並べる。180℃のオーブンで20分焼く。焼きあがったら天板の上で冷ます。

さくさく
アレンジ
2

紅茶クッキー

噛むほどに紅茶の華やかな香りが広がるクッキー。
緑茶や細挽きのコーヒー豆などでアレンジできます。

材料（約10個分）

A
- 薄力粉　50g
- 片栗粉　50g
- ベーキングパウダー　3g（小さじ1）

B
- 砂糖　20g
- 植物油　20g
- 豆乳（または水）　40mℓ

紅茶の葉　10g

下準備

- 「さくさくクッキー」と同じ。
- **A**を合わせてふるっておく。
- 紅茶の葉を細かく刻む。

作り方

1. ボウルに**B**を入れ、ゴムべらでよく混ぜ合わせる。
2. ふるっておいた**A**と紅茶の葉を加え、ゴムべらでさっくりと混ぜる。粉っぽさがなくなってきたら、生地を手で軽くひとまとめにする。
3. 1個分ずつちぎって軽く丸め、天板に並べる。180℃のオーブンで20分焼く。焼きあがったら天板の上で冷ます。

ココアくるみクッキー

紅茶クッキー

ぽりぽりクッキー

天板１枚分の生地を、ころころ丸めたり、手のひらで伸ばしたり。
自由気ままにいろんな形を作って焼いてみよう！
重曹を使うことで、どこかなつかしい素朴な味わいになります。

材料（天板１枚分）

薄力粉　50g
砂糖　10g
植物油　10g
重曹　小さじ 1/4
酢　5mℓ（小さじ 1）
水　10mℓ（小さじ 2）

下準備

- オーブンを170℃に温める。
- 天板にクッキングシートを敷いておく。

作り方

1
ボウルに砂糖、油、重曹、酢、水を入れ、ゴムべらでよく混ぜ合わせる。

2
薄力粉をふるって**1**に加え、ゴムべらでさっくりと混ぜる。粉っぽさがなくなってきたら、生地を手で軽くひとまとめにする。

3
2の生地を小さくちぎって、好みの形にととのえる（写真は三角、丸、ねじり形など）。

4
170℃のオーブンで 15分焼く。焼きあがったら天板の上で冷ます。

まっちん
メモ

クッキーの厚さは 1cm 以下に。薄ければ薄いほど、ぽりぽりの食感になります。
焼きあがりの目安は、表面にうっすらと焼き色がついた頃合いです。

ぽりぽり
アレンジ
1

全粒粉クッキー

小麦を丸ごと挽いた全粒粉を加えると、粉の風味が際立ちます。
ぽりぽりカリカリ、次から次へと手が伸びるおいしさです。

材料（天板 1 枚分）

A
- 全粒粉　30g
- 薄力粉　20g

B
- 砂糖　10g
- 植物油　10g
- 重曹　小さじ 1/4
- 酢　5mℓ（小さじ 1）
- 水　10mℓ（小さじ 2）

下準備

- 「ぽりぽりクッキー」と同じ。
- **A** を合わせてふるっておく。

作り方

1 ボウルに **B** を入れ、ゴムべらでよく混ぜ合わせる。

2 ふるっておいた **A** を加え、ゴムべらでさっくりと混ぜる。粉っぽさがなくなってきたら、生地を手で軽くひとまとめにする。

3 **2** の生地を好みの形にととのえる（写真は長方形にして竹串で穴をあける）。170℃のオーブンで 15 分焼く。焼きあがったら天板の上で冷ます。

ぽりぽり
アレンジ
2

きな粉クッキー

きな粉を混ぜることで、ほんのり和風のクッキーに。
素朴な味で、子どもにもお年寄りにも喜ばれそう。

材料（天板 1 枚分）

A
- 薄力粉　40g
- きな粉　10g

B
- 砂糖　10g
- 植物油　10g
- 重曹　小さじ 1/4
- 酢　5mℓ（小さじ 1）
- 水　10mℓ（小さじ 2）

下準備

- 「ぽりぽりクッキー」と同じ。
- **A** を合わせてふるっておく。

作り方

1 ボウルに **B** を入れ、ゴムべらでよく混ぜ合わせる。

2 ふるっておいた **A** を加え、ゴムべらでさっくりと混ぜる。粉っぽさがなくなってきたら、生地を手で軽くひとまとめにする。

3 **2** の生地を好みの形にととのえる（写真は正方形にして竹串で穴をあけたり、丸形にして線をつける）。170℃のオーブンで 15 分焼く。焼きあがったら天板の上で冷ます。

ぽりぽり
アレンジ
3

ごま塩クッキー

砂糖をぐっと控えめにして、黒ごまと塩ひとつまみを加えました。
甘いものが苦手な方への差し入れにもおすすめです。

材料（天板 1 枚分）

薄力粉　50g

A
- 砂糖　5g
- 植物油　10g
- 重曹　小さじ 1/4
- 酢　5mℓ（小さじ 1）
- 水　10mℓ（小さじ 2）
- 塩　ひとつまみ

黒ごま　5g

下準備

- 「ぽりぽりクッキー」と同じ。
- 薄力粉をふるっておく。

作り方

1 ボウルに **A** を入れ、ゴムべらでよく混ぜ合わせる。

2 ふるっておいた薄力粉と黒ごまを加え、ゴムべらでさっくりと混ぜる。粉っぽさがなくなってきたら、生地を手で軽くひとまとめにする。

3 **2** の生地を好みの形にととのえる（写真は細長い形にそろえる）。170℃のオーブンで 15 分焼く。焼きあがったら天板の上で冷ます。

ごま塩クッキー
きな粉クッキー
全粒粉クッキー

ふんわりクッキー

外はカリッと、中はふんわりとした、別名クッキースコーン。
その食感のひみつは、絹ごし豆腐をなめらかにした“とうふペースト”。
豆腐の水分や風味を生かしてヘルシーに仕上げました。

材料（約5個分）

薄力粉　100g
ベーキングパウダー　3g（小さじ1）
砂糖　20g
植物油　20g
とうふペースト（P38参照）　60g

下準備

- オーブンを180℃に温める。
- 天板にクッキングシートを敷いておく。

作り方

1
ボウルに砂糖、油、とうふペーストを入れ、ゴムべらでよく混ぜ合わせる。

2
薄力粉、ベーキングパウダーを合わせてふるい、**1**に加え、ゴムべらでさっくりと混ぜる。少し粉っぽさが残る程度でひとまとめにする。

3
1個分ずつちぎって軽く丸め、天板に並べる。

4
180℃のオーブンで20分焼く。

まっちんメモ
ほかの生地にくらべて水分が多いので、あまりベタベタ触らず手早く丸めます。
焼きあがりの目安は、表面にほんのり焼き色がついた頃合いです。

ふんわりアレンジ 1

ヨーグルトレモンクッキー

ヨーグルトとレモン果汁で、ぐんとさわやかな味わいに。
レモンは果汁とすりおろした皮を合わせて使います。

材料（約5個分）

A
- 薄力粉　100g
- ベーキングパウダー　3g（小さじ1）

B
- 砂糖　20g
- 植物油　15g
- ヨーグルト（無糖）　30g
- レモン　1/2個分

下準備

- 「ふんわりクッキー」と同じ。
- **A**を合わせてふるっておく。
- レモンは果汁を絞って皮をすりおろす。

作り方

1. ボウルに**B**を入れ、ゴムべらでよく混ぜ合わせる。
2. ふるっておいた**A**を加え、ゴムべらでさっくりと混ぜる。少し粉っぽさが残る程度でひとまとめにする。
3. 1個分ずつちぎって軽く丸め、天板に並べる。180℃のオーブンで20分焼く。

ふんわりアレンジ 2

かぼちゃクッキー

ふんわりソフトな生地とかぼちゃのやさしい甘みがマッチ。
普段かぼちゃをあまり食べないぼくもハマってしまいました。

材料（約6個分）

A
- 薄力粉　100g
- ベーキングパウダー　3g（小さじ1）

B
- 砂糖　20g
- 植物油　20g
- 水　20mℓ
- かぼちゃペースト（右記参照）　50g

下準備

- 「ふんわりクッキー」と同じ。
- **A**を合わせてふるっておく。

作り方

1. ボウルに**B**を入れ、ゴムべらでよく混ぜ合わせる。
2. ふるっておいた**A**を加え、ゴムべらでさっくりと混ぜる。少し粉っぽさが残る程度でひとまとめにする。
3. 1個分ずつちぎって軽く丸め、天板に並べる。180℃のオーブンで20分焼く。

かぼちゃペーストの作り方

かぼちゃ（正味50g）を蒸し、熱いうちにへらを使って皮ごとざるで裏ごしする。なめらかになるまで混ぜ合わせたらできあがり。

かぼちゃクッキー
ヨーグルトレモンクッキー

ホロホロぼうろ

粉、砂糖、油、水だけで作る、シンプルを極めたレシピ。
手のひらでころころ小さく丸めて焼きあげます。
ざくざく、ほろほろ、しっとりの絶妙な食感がたまりません。

材料（約15個分）

薄力粉　100g
砂糖　30g
植物油　30g
水　15mℓ（大さじ1）

下準備

- オーブンを160℃に温める。
- 天板にクッキングシートを敷いておく。

作り方

1
ボウルに砂糖、油、水を入れ、ゴムべらでよく混ぜ合わせる。

2
薄力粉をふるって**1**に加え、ゴムべらでさっくりと混ぜる。粉っぽさがなくなってきたら、生地を手でひとまとめにする。

3
1個分ずつちぎって軽く丸め、天板に並べる。

4
160℃のオーブンで25分焼く。焼きあがったら天板の上でしっかり冷ます。

まっちんメモ
手のひらで転がすように丸めると、きれいな真ん丸の形になります。
焼きあがりはアツアツなので、やけどに注意。しっかり冷ましてから食べましょう。

ホロホロ
アレンジ
1

生《しょう》姜《が》ぼうろ

しょうがの辛みを利かせた大人のクッキー。
レモン果汁を使ってもおいしく作れます。

材料（約15個分）

薄力粉　100g
A
砂糖　30g
植物油　30g
しょうがの絞り汁　15ml（大さじ1）

下準備

- 「ホロホロぼうろ」と同じ。
- 薄力粉をふるっておく。

作り方

1 ボウルに**A**を入れ、ゴムべらでよく混ぜ合わせる。

2 ふるっておいた薄力粉を加え、ゴムべらでさっくりと混ぜる。粉っぽさがなくなってきたら、生地を手でひとまとめにする。

3 1個分ずつちぎって軽く丸め、天板に並べる。160℃のオーブンで25分焼く。焼きあがったら天板の上でしっかり冷ます。

ホロホロ
アレンジ
2

抹茶ぼうろ

生地のほろほろ感と抹茶の苦みがぴったり。
温かいコーヒーや日本茶とともにどうぞ。

材料（約15個分）

A
- 薄力粉　100g
- 抹茶パウダー　2g（小さじ1）

B
- 砂糖　30g
- 植物油　30g
- 水　15mℓ（大さじ1）

下準備

- 「ホロホロぼうろ」と同じ。
- **A**を合わせてふるっておく。

作り方

1 ボウルに**B**を入れ、ゴムべらでよく混ぜ合わせる。

2 ふるっておいた**A**を加え、ゴムべらでさっくりと混ぜる。粉っぽさがなくなってきたら、生地を手でひとまとめにする。

3 1個分ずつちぎって軽く丸め、天板に並べる。160℃のオーブンで25分焼く。焼きあがったら天板の上でしっかり冷ます。

まっちんの焼きおやつの特徴

身近な材料や道具で作れます

たくさんの人にもっと気楽におやつ作りを楽しんでもらいたいから、使う材料や道具は、普段台所にあるものや近くのお店で手に入るものばかり。しかも、ひとつの素材がいろんな焼きおやつに変身します。思い立ったらすぐに作れて気取らずおいしい、そんなレシピばかりです。

和の食材を取り入れます

たとえば、どら焼きをふくらませる重曹をクッキーに入れたり、大福や求肥のもとになるもち粉をホットケーキに使ったり、豆腐をペーストにして加えたり。これまで和菓子を作ってきたぼくがよく知っている和の食材を取り入れて、ちょっと和テイストな焼きおやつを生み出しました。

からだ想いの素材を使います

せっかく家で手作りするなら、できるだけヘルシーでからだにやさしいおやつを作りたい。だからバターや生クリームは使わず、砂糖や油もなるべく控えました。小麦全粒粉を入れたり、豆腐や野菜を使ったり。何よりぼくが、素材感あふれるもの、シンプルで素朴なものが好きなんです。

混ぜて焼くだけでできあがり

材料を混ぜたら、手で丸めたり型に流してオーブンに入れるか、フライパンで焼くだけ。むずかしい工程もなくて、専門的な器具も使いません。だって、毎日のおやつは気楽に作るのがいちばん！ 基本の作り方を覚えたら、自由な発想でアレンジしてみてくださいね。

計量カップ・計量スプーンによる重量早見表

この本では基本的にg単位で分量を掲載していますが、計量カップや大さじ・小さじで計量することもできます。下記の表を参考にしてください（ただし、材料の質によって多少の誤差があります）。

食品名	小さじ1（5mℓ）	大さじ1（15mℓ）	計量カップ（200mℓ）
薄力粉	3g	8g	100g
全粒粉	3g	8g	125g
米粉・もち粉	2g	7g	95g
片栗粉・白玉粉	3g	8g	110g
砂糖（粗糖）	4g	13g	170g
水・牛乳・豆乳	5g	15g	200g
植物油	4g	12g	
ベーキングパウダー	3g	10g	
重曹	3g	9g	
ごま	3g	9g	
練りごま	5g	15g	
紅茶の葉・緑茶の葉	2g	5g	
きな粉・抹茶パウダー・ココアパウダー	2g	6g	

part2
マフィン

マフィンはぼくも大好きなおやつです。

卵を使わずに作るしっとり生地のレシピを基本に、

野菜や豆腐を使ったアレンジ、卵ありのふわふわ生地、

そして、もち粉を加えた和風のもちもち生地。

見た目も食感も楽しい、自慢のマフィンができました。

しっとりマフィン

素材の味をそのまま感じてもらえる、マフィンの基本レシピ。
使う材料は、粉、砂糖、油、豆乳だけというシンプルさ。
何度でも作りたくなる、ベーシックなおいしさです。

材料（底径7cmのプリン型4個分）

薄力粉　100g
ベーキングパウダー　3g（小さじ1）
砂糖　30g
植物油　20g
豆乳（または牛乳）　100mℓ

下準備

- オーブンを180℃に温める。
- プリン型に植物油を薄くぬる。

作り方

1
ボウルに砂糖、油、豆乳を入れ、泡立て器でよく混ぜ合わせる。

2
薄力粉とベーキングパウダーを合わせてふるい、**1**に加え、泡立て器で混ぜる。粉っぽさがなくなったら、ゴムべらでダマがなくなるまでさっくりと混ぜ合わせる。

3
2の生地をスプーンですくい、プリン型に8分目まで入れる。

4
180℃のオーブンで20分焼く。焼きあがったら冷まし、型から取り出す。

まっちんメモ
焼きあがりの目安は、表面にうっすら焼き色がつき、竹串を刺して生地がくっついてこなければOK。
乾燥しやすいので、すぐに食べないときはラップに包んで保存を。

しっとりアレンジ 1

全粒粉マフィン

全粒粉のおいしさを生かすため、砂糖は少し控えめに。
小麦の風味がふわりと香る焼きたてをぜひどうぞ。

材料（底径7cmのプリン型4個分）

A
- 薄力粉　50g
- 全粒粉　50g
- ベーキングパウダー　3g（小さじ1）

B
- 砂糖　20g
- 植物油　20g
- 豆乳（または牛乳）　110mℓ

下準備
- 「しっとりマフィン」と同じ。
- **A**を合わせてふるっておく。

作り方

1 ボウルに**B**を入れ、泡立て器でよく混ぜ合わせる。

2 ふるっておいた**A**を加え、泡立て器で粉っぽさがなくなるまで混ぜたら、ゴムべらでダマがなくなるまでさっくりと混ぜ合わせる。

3 **2**の生地をスプーンですくい、プリン型に8分目まで入れる。180℃のオーブンで20分焼く。焼きあがったら冷まし、型から取り出す。

しっとり
アレンジ
2

ごまマフィン

黒練りごまを加えると、見た目も味わいも一変。
しっとりした生地に黒ごまがよく合います。

材料（底径7cmのプリン型4個分）

A
- 薄力粉　100g
- ベーキングパウダー　3g（小さじ1）

B
- 砂糖　30g
- 植物油　20g
- 豆乳（または牛乳）　110mℓ
- 黒練りごま　15g（大さじ1）

下準備

- 「しっとりマフィン」と同じ。
- **A**を合わせてふるっておく。

作り方

1 ボウルに**B**を入れ、泡立て器でよく混ぜ合わせる。
2 ふるっておいた**A**を加え、泡立て器で粉っぽさがなくなるまで混ぜたら、ゴムべらでダマがなくなるまでさっくりと混ぜ合わせる。
3 **2**の生地をスプーンですくい、プリン型に8分目まで入れる。180℃のオーブンで20分焼く。焼きあがったら冷まし、型から取り出す。

かぼちゃマフィン

しっとりマフィンの材料をベースに、野菜を加えてアレンジ。
かぼちゃを蒸して裏ごししたペーストを入れたら、
ほっこりしたやさしい甘さのマフィンになりました。

材料（底径 7cmのプリン型 4 個分）

薄力粉　100g
ベーキングパウダー　3g（小さじ 1）
砂糖　30g
植物油　20g
豆乳（または牛乳）　110mℓ
かぼちゃペースト（P20参照）　50g

下準備

- オーブンを180℃に温める。
- プリン型に植物油を薄くぬる。

作り方

1
ボウルに砂糖、油、豆乳、かぼちゃペーストを入れ、泡立て器でよく混ぜ合わせる。

2
薄力粉とベーキングパウダーを合わせてふるい、**1**に加え、泡立て器で混ぜる。粉っぽさがなくなったら、ゴムべらでダマがなくなるまでさっくりと混ぜ合わせる。

3
2の生地をスプーンですくい、プリン型に 9 分目まで入れる。

4
180℃のオーブンで 20 分焼く。焼きあがったら冷まし、型から取り出す。

まっちんメモ
かぼちゃ好きの方は、ペーストの量を増やしたり、角切りにした生のかぼちゃを加えてみて。
さつまいもで作るのもおすすめ（ペーストの作り方も同じです）。

やさいアレンジ 1

にんじんマフィン

**にんじんの甘みと香りがふんわりただよう野菜マフィン。
無農薬のにんじんなら、皮ごとすりおろして使いましょう。**

材料（底径7cmのプリン型4個分）

A
- 薄力粉　100g
- ベーキングパウダー　3g（小さじ1）

B
- 砂糖　30g
- 植物油　20g
- 豆乳（または牛乳）　100mℓ
- にんじん　50g

下準備

- 「かぼちゃマフィン」と同じ。
- **A**を合わせてふるっておく。
- にんじんはすりおろし、軽く水気を絞る（**a**）。

作り方

1 ボウルに**B**を入れ、泡立て器でよく混ぜ合わせる。

2 ふるっておいた**A**を加え、泡立て器で粉っぽさがなくなるまで混ぜたら、ゴムべらでダマがなくなるまでさっくりと混ぜ合わせる。

3 **2**の生地をスプーンですくい、プリン型に9分目まで入れる。180℃のオーブンで20分焼く。焼きあがったら冷まし、型から取り出す。

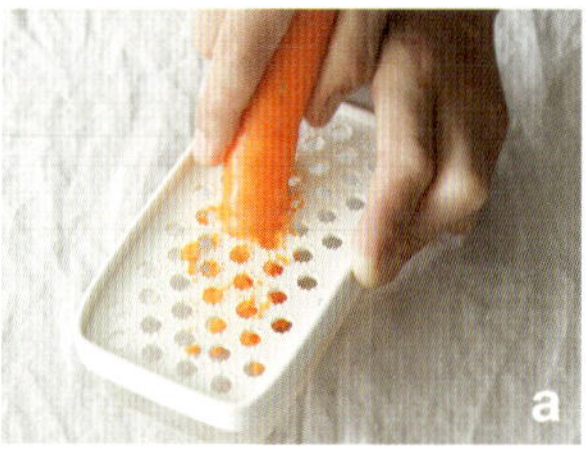
a

やさいアレンジ 2

とうもろこしマフィン

**コーンならではの甘さとぷちぷち感が楽しめます。
子どものおやつにもおすすめ。ぼくも気に入っているマフィンです。**

材料（底径7cmのプリン型4個分）

A
- 薄力粉　100g
- ベーキングパウダー　3g（小さじ1）

B
- 砂糖　20g
- 植物油　20g
- 豆乳（または牛乳）　100mℓ

とうもろこし（生または缶詰）　50g

下準備

- 「かぼちゃマフィン」と同じ。
- **A**を合わせてふるっておく。

作り方

1 ボウルに**B**を入れ、泡立て器でよく混ぜ合わせる。

2 ふるっておいた**A**を加え、泡立て器で粉っぽさがなくなるまで混ぜたら、ゴムべらでダマがなくなるまでさっくりと混ぜ合わせる。とうもろこしを加え、均等に混ぜ合わせる。

3 **2**の生地をスプーンですくい、プリン型に9分目まで入れる。180℃のオーブンで20分焼く。焼きあがったら冷まし、型から取り出す。

2

にんじんマフィン
とうもろこしマフィン

おとうふマフィン

豆腐をなめらかなペーストにすると、いろんなおやつに使えます。
おとうふマフィンは油なしでヘルシーに作ります。
「こんなにしっとりもっちりするなんて！」とびっくりするはず。

材料（底径7cmのプリン型4個分）

薄力粉　100g
ベーキングパウダー　3g（小さじ1）
砂糖　40g
とうふペースト（右記参照）　100g
水（または豆乳）　60mℓ

下準備

- オーブンを180℃に温める。
- プリン型に植物油を薄くぬる。

とうふペーストの作り方

絹ごし豆腐（適量）を水切りし、ゴムべらを使ってざるで裏ごしする。泡立て器でしっかり混ぜたら、ゴムべらでなめらかなペースト状に仕上げる。

作り方

1
ボウルに砂糖、とうふペースト、水を入れ、泡立て器でよく混ぜ合わせる。

2
薄力粉とベーキングパウダーを合わせてふるい、**1**に加え、泡立て器で混ぜる。粉っぽさがなくなったら、ゴムべらでダマがなくなるまでさっくりと混ぜ合わせる。

3
2の生地をスプーンですくい、プリン型に9分目まで入れる。

4
180℃のオーブンで20分焼く。焼きあがったら冷まし、型から取り出す。

まっちんメモ
とうふペーストは、いろいろなおやつにアレンジできて便利。
ふんわりクッキー（P18）、とうふクリーム（P86）、おもちドーナッツ（P102）もぜひ作ってみて。

ふわふわマフィン

ぷっくりふくらんだ形がかわいい、ふんわりマフィン。
粉の量をぐっと減らして軽い食感に仕上げました。
卵のおいしさがしっかりと感じられる味わいです。

材料（底径7cmのプリン型４個分）

薄力粉　60g
ベーキングパウダー　2g（小さじ2/3）
砂糖　30g
植物油　20g
卵白　２個分
卵黄　１個分

下準備

- オーブンを160℃に温める。
- プリン型に植物油を薄くぬる。

作り方

1
ボウルに卵白と卵黄を入れ、泡立て器でよくかき混ぜる。砂糖、油を加え、混ぜ合わせる。

2
薄力粉とベーキングパウダーを合わせてふるい、**1**に加え、泡立て器で混ぜる。粉っぽさがなくなったら、ゴムべらでダマがなくなるまでさっくりと混ぜ合わせる。

3
2の生地をスプーンですくい、プリン型に７分目まで入れる。

4
160℃のオーブンで20分焼く。焼きあがったら冷まし、型から取り出す。

まっちんメモ
冷たくなったマフィンは、ラップに包んで炊飯器に入れて温め直すとおいしく食べられます。
あまった卵黄１個分は、カスタードクリーム（P76）やカスタードアイスクリーム（P77）に使えます。

ふわふわアレンジ 1

米粉マフィン

小麦粉は使わず、米粉100%で砂糖も控えめにして作ります。
ふわふわ&もっちりな食感に仕上がります。

材料（底径7cmのプリン型4個分）

A
- 米粉　60g
- ベーキングパウダー　2g（小さじ2/3）

砂糖　20g
植物油　20g
卵白　2個分
卵黄　1個分

下準備

- 「ふわふわマフィン」と同じ。
- **A**を合わせてふるっておく。

作り方

1. ボウルに卵白と卵黄を入れ、泡立て器でよくかき混ぜる。砂糖、油を加え、混ぜ合わせる。
2. ふるっておいた**A**を加え、泡立て器で粉っぽさがなくなるまで混ぜたら、ゴムべらでダマがなくなるまでさっくりと混ぜ合わせる。
3. **2**の生地をスプーンですくい、プリン型に7分目まで入れる。160℃のオーブンで20分焼く。焼きあがったら冷まし、型から取り出す。

ふわふわ
アレンジ
2

ココアカスタードマフィン

ココア生地とカスタードはみんなが好きな組み合わせ。
焼きたてを半分に割って、クリームと一緒に味わって。

材料（底径7cmのプリン型4個分）

A
- 薄力粉　60g
- ベーキングパウダー　2g（小さじ2/3）
- ココアパウダー　2g（小さじ1）

砂糖　30g
植物油　20g
卵白　2個分
卵黄　1個分
カスタードクリーム（P76 参照）　適量

下準備

- 「ふわふわマフィン」と同じ。
- **A** を合わせてふるっておく。

作り方

1 ボウルに卵白と卵黄を入れ、泡立て器でよくかき混ぜる。砂糖、油を加え、混ぜ合わせる。
2 ふるっておいた **A** を加え、泡立て器で粉っぽさがなくなるまで混ぜたら、ゴムべらでダマがなくなるまでさっくりと混ぜ合わせる。
3 **2** の生地をスプーンですくい、プリン型に3分目まで入れたら、カスタードクリーム（スプーン1杯分）を真ん中にのせる。さらに上から生地をプリン型の8分目まで入れる。

4 160℃のオーブンで 20分焼く。焼きあがったら冷まし、型から取り出す。

もちもちマフィン

薄力粉にもち粉を加えて作る、まっちん流マフィン。
洋菓子なのにどこか和風テイストのおやつです。
もちもちの食感がきっとクセになるはず。

材料（底径7cmのプリン型4個分）

薄力粉　70g
もち粉　30g
ベーキングパウダー　3g（小さじ1）
砂糖　30g
植物油　10g
豆乳（または牛乳）　100mℓ

下準備

- オーブンを180℃に温める。
- プリン型に植物油を薄くぬる。

作り方

1
ボウルに砂糖、油、豆乳を入れ、泡立て器でよく混ぜ合わせる。

2
薄力粉、もち粉、ベーキングパウダーを合わせてふるい、**1**に加え、泡立て器で混ぜる。粉っぽさがなくなったら、ゴムべらでダマがなくなるまでさっくりと混ぜ合わせる。

3
2の生地をスプーンですくい、プリン型に8分目まで入れる。

4
180℃のオーブンで20分焼く。焼きあがったら冷まし、型から取り出す。

まっちんメモ
もち粉入りの生地は、少し冷ましたほうがもちっとした食感がより楽しめます。すぐに食べない場合は、表面が乾かないようにラップをかけておいて。

もちもちアレンジ 1

黒糖くるみマフィン

黒糖のコクを加えたもちもちの生地と
香ばしいくるみの歯ごたえが相性ばっちり。

材料（底径7cmのプリン型4個分）

A
- 薄力粉　70g
- もち粉　30g
- ベーキングパウダー　3g（小さじ1）

B
- 黒糖　30g
- 植物油　10g
- 豆乳（または牛乳）　110mℓ

くるみ　30g

下準備

- 「もちもちマフィン」と同じ。
- **A**を合わせてふるっておく。
- くるみを炒って刻む。

作り方

1. ボウルに**B**を入れ、泡立て器でよく混ぜ合わせる。
2. ふるっておいた**A**を加え、泡立て器で粉っぽさがなくなるまで混ぜたら、ゴムべらでダマがなくなるまでさっくりと混ぜ合わせる。くるみを加え、均等に混ぜ合わせる。
3. **2**の生地をスプーンですくい、プリン型に8分目まで入れる。180℃のオーブンで20分焼く。焼きあがったら冷まし、型から取り出す。

もちもちアレンジ 2

きな粉マフィン

きな粉の風味たっぷりの和風マフィン。
焼く前にきな粉をふっておめかししても。

材料（底径7cmのプリン型4個分）

A
- 薄力粉　60g
- もち粉　30g
- きな粉　10g
- ベーキングパウダー　3g（小さじ1）

B
- 砂糖　30g
- 植物油　10g
- 豆乳（または牛乳）　110mℓ

下準備

- 「もちもちマフィン」と同じ。
- **A**を合わせてふるっておく。

作り方

1. ボウルに**B**を入れ、泡立て器でよく混ぜ合わせる。
2. ふるっておいた**A**を加え、泡立て器で粉っぽさがなくなるまで混ぜたら、ゴムべらでダマがなくなるまでさっくりと混ぜ合わせる。
3. **2**の生地をスプーンですくい、プリン型に8分目まで入れる。180℃のオーブンで20分焼く。焼きあがったら冷まし、型から取り出す。

もちもちアレンジ 3

抹茶あんこマフィン

抹茶入りのもっちり生地と粒あんは黄金コンビ。
頭からのぞいたあんこがちょっと香ばしくて美味。

材料（底径7cmのプリン型4個分）

A
- 薄力粉　70g
- もち粉　30g
- ベーキングパウダー　3g（小さじ1）
- 抹茶パウダー　2g（小さじ1）

B
- 砂糖　30g
- 植物油　10g
- 豆乳（または牛乳）　110mℓ

粒あん　適量

下準備

- 「もちもちマフィン」と同じ。
- **A**を合わせてふるっておく。

作り方

1. ボウルに**B**を入れ、泡立て器でよく混ぜ合わせる。
2. ふるっておいた**A**を加え、泡立て器で粉っぽさがなくなるまで混ぜたら、ゴムべらでダマがなくなるまでさっくりと混ぜ合わせる。
3. **2**の生地をスプーンですくい、プリン型に半分まで入れたら、粒あんを真ん中にのせる。さらに上から生地をプリン型の9分目まで入れる（粒あんが少し見えるようにする）。
4. 180℃のオーブンで20分焼く。焼きあがったら冷まし、型から取り出す。

きな粉マフィン
抹茶あんこマフィン
黒糖くるみマフィン

粉と油と砂糖のはなし

粉

焼きおやつに使う粉は薄力粉がベースですが、いろいろな粉を組み合わせると、食感や味わいのバリエーションが広がります。この本でよく登場する4種類を紹介します。

●全粒粉

小麦を精製せずに丸ごと挽いたもの。栄養価が高く、小麦本来の風味をそのまま感じることができます。ぼくのお菓子作りには欠かせない存在です。

●もち粉

もち米を粉状にしたもの。大福や求肥やもなかの皮などに使う、和菓子ではおなじみの素材です。薄力粉に少し混ぜて使うと、日本人に好まれるもっちり食感に早変わり。

●米粉

うるち米を製粉したもの。お米ならではの甘みや食感が楽しめ、小麦アレルギーの方も安心。グルテンを含まないので卵と合わせて使い、卵の力でふくらませます。

●重曹

和菓子ではどら焼きやまんじゅうの皮など、生地をふくらませたいときに使います。クッキーの生地に酢と一緒に入れることで、なつかしい素朴な味わいになります。

油

バターや生クリームなしでもしっとりしたおいしい生地に仕上げるために油を加えます。安心して使えて素材の味を生かしてくれる、こめ油や太白ごま油がおすすめ。風味の強くない植物油でもOKです。

●こめ油

玄米のぬかを搾った油で、昔から日本で親しまれている食用油です。コレステロールの吸収をおさえ、抗酸化作用のあるビタミンEが豊富。近年はスーパーマーケットでも見かけます。

●太白ごま油

ごまを生のまま圧搾した油。ほぼ透明でクセや香りはなく、ごまならではのうまみが素材のおいしさを引き立ててくれます。普段使いの油として、お菓子にも料理にも重宝します。

砂糖

おやつ作りに欠かせない砂糖は、粗糖などからだにやさしい自然なものを使用しています。化学精製されていないので甘みがおだやかでミネラルたっぷり。できるだけ量を控えるのがまっちん流です。

●粗糖（洗双糖《せんそう》）

サトウキビを搾ってろ過し、煮詰めて結晶にしたもの。自然な甘みでミネラル豊富。しっとりとしていて黄金色に輝きます。クセが少ないのも魅力です。

●きび砂糖

サトウキビの搾り汁をミネラルや風味を残した状態で煮詰めて作った砂糖。てんさい（砂糖大根）を原料にした、からだを冷やさないてんさい糖もあります。

●黒糖

サトウキビが原料。搾り汁を煮詰めて濃縮したもので、独特の香りやコクがあり、お菓子や料理に風味を加えてくれます。おやつ作りには粉末を使います。

part 3
ホットケーキ

みんなに愛される定番おやつといえばホットケーキ。
いろんな食感や味が楽しめるレシピをそろえました。
卵を使わないしっとり生地、和菓子っぽいもちもち生地、
きめ細かいふわふわ生地をベースに、アレンジもいろいろ。
お好みのシロップをかけて、アツアツのうちにどうぞ。

基本のホットケーキ

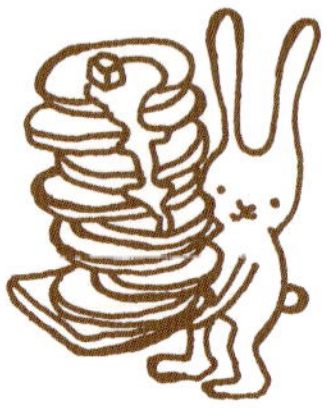

卵を使わずに作る基本のしっとりホットケーキ。
毎日食べても飽きないおいしさを目指しました。
何枚も焼くうちに、自然ときれいに焼けるようになります。

材料（約3枚分）

- 薄力粉　100g
- ベーキングパウダー　3g（小さじ1）
- 砂糖　30g
- 植物油　10g
- 牛乳　140mℓ（または豆乳120mℓ）

一緒に作りたいレシピ

・ホットケーキに合うシロップ（P68～69）

作り方

1
ボウルに砂糖、油、牛乳を入れ、泡立て器でよく混ぜ合わせる。

2
薄力粉とベーキングパウダーを合わせてふるい、**1**に加え、泡立て器で混ぜる。粉っぽさがなくなったら、ゴムべらでダマがなくなるまでさっくりと混ぜ合わせる。

3
フライパンを中弱火で軽く温め、植物油（分量外）を薄くひく。おたま１杯分の生地を真ん中に流し入れ、おたまの背で軽く広げる。

4
生地の表面にプツプツと穴が出て、まわりが少し乾いたら裏返し、１分ほど焼いて取り出す。残りも同様に焼く。

まっちん メモ

きれいなきつね色に焼くコツは火加減。
２枚目以降はフライパンの温度が上がっているので、弱火にして様子を見ましょう。

しっとりアレンジ 1

全粒粉ホットケーキ

全粒粉を混ぜると小麦の風味たっぷりの生地に。
焼きたては何もつけずにそのままで味わってみて。

材料（約３枚分）

A
- 薄力粉　70g
- 全粒粉　30g
- ベーキングパウダー　3g（小さじ１）

B
- 砂糖　20g
- 植物油　10g
- 牛乳　140mℓ（または豆乳120mℓ）

作り方

1 ボウルに**B**を入れ、泡立て器でよく混ぜ合わせる。

2 **A**を合わせてふるい、**1**に加え、泡立て器で混ぜる。粉っぽさがなくなったら、ゴムべらでダマがなくなるまでさっくりと混ぜ合わせる。

3 フライパンを中弱火で軽く温め、植物油（分量外）を薄くひく。おたま１杯分の生地を真ん中に流し入れ、おたまの背で軽く広げる。生地の表面にプツプツと穴が出て、まわりが少し乾いたら裏返し、１分ほど焼いて取り出す。残りも同様に焼く。

しっとり
アレンジ
2

ヨーグルトホットケーキ

牛乳の代わりに無糖ヨーグルトを使って作ります。
しっとりした生地にもっちり感も加わります。

材料（約４枚分）

A
- 薄力粉　100g
- ベーキングパウダー　3g（小さじ１）

B
- 砂糖　30g
- 植物油　10g
- ヨーグルト（無糖）　150g
- 水　50mℓ

作り方

1 ボウルに **B** を入れ、泡立て器でよく混ぜ合わせる。

2 **A** を合わせてふるい、**1** に加え、泡立て器で混ぜる。粉っぽさがなくなったら、ゴムべらでダマがなくなるまでさっくりと混ぜ合わせる。

3 フライパンを中弱火で軽く温め、植物油（分量外）を薄くひく。おたま１杯分の生地を真ん中に流し入れる。生地の表面にプツプツと穴が出て、まわりが少し乾いたら裏返し、１分ほど焼いて取り出す。残りも同様に焼く。お好みでカットしたフルーツ（分量外）を散らす。

もちもちホットケーキ

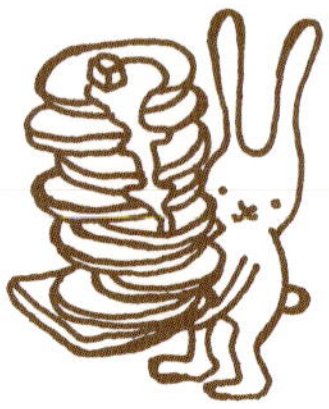

見た目はホットケーキ、食べるとちょっとどら焼き風。
もち粉を加えて作る弾力のある生地は、
そのままで食べても、あんこやシロップをかけても美味。

材料（約４枚分）

薄力粉　70g
もち粉　30g
ベーキングパウダー　3g（小さじ1）
砂糖　30g
植物油　10g
牛乳　140mℓ（または豆乳120mℓ）

一緒に作りたいレシピ

- ホットケーキに合うシロップ（P68～69）
- みるくクリーム（P84～85）
- とうふクリーム（P86～87）

作り方

1
ボウルに砂糖、油、牛乳を入れ、泡立て器でよく混ぜ合わせる。

2
薄力粉、もち粉、ベーキングパウダーを合わせてふるい、**1**に加え、泡立て器で混ぜる。粉っぽさがなくなったら、ゴムべらでダマがなくなるまでさっくりと混ぜ合わせる。

3
フライパンを中弱火で軽く温め、植物油（分量外）を薄くひく。おたま2/3杯分の生地を真ん中に流し入れ、おたまの背で軽く広げる。

4
生地の表面にプツプツと穴が出て、まわりが少し乾いたら裏返し、1分ほど焼いて取り出す。残りも同様に焼く。

まっちんメモ
フライパンに生地を落とす前に、軽くおたまでかき混ぜてからすくってください。
大さじ１杯分の生地を２枚焼いて粒あんをはさむと、おいしいもっちりどら焼きが作れます。

もちもちアレンジ 1 抹茶ホットケーキ

抹茶パウダーを加えてうんと和風にアレンジしました。
和菓子が好きな方も納得のおいしさです。

材料（約4枚分）

A
- 薄力粉　70g
- もち粉　30g
- ベーキングパウダー　3g（小さじ1）
- 抹茶パウダー　2g（小さじ1）

B
- 砂糖　30g
- 植物油　10g
- 牛乳　140mℓ（または豆乳120mℓ）

作り方

1 ボウルに**B**を入れ、泡立て器でよく混ぜ合わせる。

2 **A**を合わせてふるい、**1**に加え、泡立て器で混ぜる。粉っぽさがなくなったら、ゴムべらでダマがなくなるまでさっくりと混ぜ合わせる。

3 フライパンを中弱火で軽く温め、植物油（分量外）を薄くひく。おたま2/3杯分の生地を真ん中に流し入れ、おたまの背で軽く広げる。生地の表面にプツプツと穴が出て、まわりが少し乾いたら裏返し、1分ほど焼いて取り出す。残りも同様に焼く。お好みで抹茶パウダー（分量外）をふる。

もちもちアレンジ 2 くるみホットケーキ

もちもちの生地に刻んだくるみをたっぷり入れて。
くるみの歯ごたえと香ばしさがいいアクセントに。

材料（約4枚分）

A
- 薄力粉　70g
- もち粉　30g
- ベーキングパウダー　3g（小さじ1）

B
- 砂糖　30g
- 植物油　10g
- 牛乳　140mℓ（または豆乳120mℓ）

くるみ　30g

下準備

- くるみを炒って刻む。

作り方

1 ボウルに**B**を入れ、泡立て器でよく混ぜ合わせる。

2 **A**を合わせてふるい、**1**に加え、泡立て器で混ぜる。粉っぽさがなくなったら、ゴムべらでダマがなくなるまでさっくりと混ぜ合わせる。くるみを加え、均等に混ぜ合わせる。

3 フライパンを中弱火で軽く温め、植物油（分量外）を薄くひく。おたま2/3杯分の生地を真ん中に流し入れ、おたまの背で軽く広げる。生地の表面にプツプツと穴が出て、まわりが少し乾いたら裏返し、1分ほど焼いて取り出す。残りも同様に焼く。お好みでくるみ（分量外）を散らす。

抹茶ホットケーキ
くるみホットケーキ

ふわふわホットケーキ

卵を使ってふんわりやさしい生地に仕上げます。
ポイントは、ふたをしてとろ火でじっくり焼くこと。
焼きたてにシロップを染み込ませて召しあがれ。

材料（約3枚分）

薄力粉　80g
ベーキングパウダー　3g（小さじ1）
砂糖　30g
植物油　10g
牛乳（または豆乳）　50mℓ
卵　1個

一緒に作りたいレシピ

- ホットケーキに合うシロップ （P68～69）

作り方

1
ボウルに卵を入れて泡立て器で溶きほぐし、砂糖、油、牛乳を加えてよく混ぜ合わせる。

2
薄力粉とベーキングパウダーを合わせてふるい、**1**に加え、泡立て器で混ぜる。粉っぽさがなくなったら、ゴムべらでダマがなくなるまでさっくりと混ぜ合わせる。

3
フライパンをとろ火で軽く温め、植物油（分量外）を薄くひく。おたま1杯分の生地を真ん中に流し入れ、おたまの背で軽く広げる。ふたをして3分ほど焼いて裏返す。

4
裏返したら、ふたをせずに1分ほど焼いて取り出す。残りも同様に焼く。

まっちんメモ
とろ火でふたをして焼くことで、ふんわりしっとりした生地になります。
特に焼きたてがいちばんおいしいホットケーキです。

ふわふわ
アレンジ
1

米粉ホットケーキ

薄力粉ではなく、米粉100％で作ったホットケーキ。
お米ならではの風味を存分に味わって。

材料（約3枚分）

A
- 米粉　80g
- ベーキングパウダー　3g（小さじ1）

B
- 砂糖　20g
- 植物油　10g
- 牛乳（または豆乳）　50mℓ

卵　1個

作り方

1. ボウルに卵を入れて泡立て器で溶きほぐし、**B**を加えてよく混ぜ合わせる。
2. **A**を合わせてふるい、**1**に加え、泡立て器で混ぜる。粉っぽさがなくなったら、ゴムべらでダマがなくなるまでさっくりと混ぜ合わせる。
3. フライパンをとろ火で軽く温め、植物油（分量外）を薄くひく。おたま1杯分の生地を真ん中に流し入れて軽く広げ、ふたをして3分ほど焼いて裏返す。裏返したら、ふたをせずに1分ほど焼いて取り出す。残りも同様に焼く。お好みで粒あんを添える。

ふわふわ
アレンジ
2

バナナホットケーキ

**子どもも大好きなバナナを生地に混ぜて焼きます。
チョコレートシロップをかければ、間違いなしのおいしさ。**

材料（約４枚分）

A
- 薄力粉　80g
- ベーキングパウダー　3g（小さじ1）

B
- 砂糖　20g
- バナナ　100g

卵　２個

下準備

・バナナをへらですりつぶす(**a**)。

作り方

1 ボウルに卵を入れて泡立て器で溶きほぐし、**B** を加えてよく混ぜ合わせる。

2 **A** を合わせてふるい、**1** に加え、泡立て器で混ぜる。粉っぽさがなくなったら、ゴムべらでダマがなくなるまでさっくりと混ぜ合わせる。

3 フライパンをとろ火で軽く温め、植物油（分量外）を薄くひく。おたま１杯分の生地を真ん中に流し入れ、ふたをして３分ほど焼いて裏返す。裏返したら、ふたをせずに１分ほど焼いて取り出す。残りも同様に焼く。お好みでバナナの輪切り（分量外）をのせる。

ふわふわロールケーキ

しっとりおいしいロールケーキが少ない材料で
あっという間に作れる、とっておきのレシピ。
オーブンを使わずに卵焼きフライパンで焼くんです！

材料（卵焼きフライパンで作る１個分）

薄力粉　20g
ベーキングパウダー　2g（小さじ2/3）
砂糖　20g
植物油　10g
卵　１個
小豆クリーム（P86参照）　適量

一緒に作りたいレシピ

- カスタードクリーム（P76）
- みるくクリーム（P84～85）
- とうふクリーム（P86～87）

作り方

1
ボウルに卵、砂糖、油を入れ、泡立て器でよく混ぜ合わせる。薄力粉、ベーキングパウダーを合わせてふるい、**1**に加え、泡立て器で混ぜる。粉っぽさがなくなったら、ゴムべらでダマがなくなるまでさっくりと混ぜ合わせる。

2
卵焼きフライパンに植物油（分量外）を薄くひき、**1**の生地を流し入れて全体に広げる。ふたをして火にかけ、とろ火で６分焼いたら火を止め、そのまま５分蒸らす。

3
ラップを広げ、**2**の生地をおく。小豆クリームを生地の手前を1cm、奥側を5cmくらいあけて全体にぬる。

4
ラップごと手前を持ち上げ、一気に丸めて巻く。全体をラップで包み、冷蔵庫で１時間ほど寝かせる。

まっちんメモ
火加減が強いと生地が焦げるので注意。とろ火で蒸し焼きにするのがふんわり仕上げるコツです。
中身はカスタードクリーム（P76）やみるくクリーム（P84）など、お好みでどうぞ。

かすてらケーキ

パウンドケーキを和菓子の定番カステラ風にアレンジ。
材料を混ぜ合わせたら型に流して焼くだけ。
はちみつの風味が香るしっとり生地のできあがり。

材料（長さ18cm×幅8cm×高さ6cmのパウンド型）

薄力粉　60g
ベーキングパウダー　3g（小さじ1）
砂糖　30g
はちみつ　30g
卵　2個

下準備

- オーブンを160℃に温める。
- パウンド型に植物油を薄くぬり、底面にクッキングシートを敷く。

作り方

1
ボウルに卵を入れて泡立て器で溶きほぐし、砂糖、はちみつを加えてよく混ぜ合わせる。

2
薄力粉とベーキングパウダーを合わせてふるい、**1**に加え、泡立て器で混ぜる。粉っぽさがなくなったら、ゴムべらでダマがなくなるまでさっくりと混ぜ合わせる。

3
2の生地をパウンド型に流し入れ、表面をゴムべらで平らにする。

4
160℃のオーブンで30分焼く。焼きあがったら冷まし、型から取り出す。

まっちんメモ

焼きあがりの目安は、竹串で中心を刺してみて生地がくっついてこなければOK。
この生地をマドレーヌカップに流して160℃のオーブンで25分焼けばマドレーヌが作れます。

ホットケーキに合うシロップ

焼きたてホットケーキにじゅわっと染み込ませたい
砂糖をぐっと控えたさらさらタイプのシロップです。

甘さをおさえた素朴な味わい

きび砂糖シロップ

材料（作りやすい分量）

きび砂糖（または粗糖、てんさい糖）　50g
水　100mℓ

作り方

1 鍋にきび砂糖、水を入れ、ゴムべらで混ぜながら中火にかける。コトコト沸騰したら弱火にし、混ぜながら1分ほど煮て火を止める。
2 かき混ぜながら粗熱を取り、容器に移して冷蔵庫で冷やす。

いろんなおやつに合う万能シロップ

チョコレートシロップ

材料（作りやすい分量）

牛乳　150mℓ
砂糖　30g
ココアパウダー（茶こしでふるう）　2g（小さじ1）
片栗粉　5g（小さじ2弱）

作り方

1 鍋にすべての材料を入れ、泡立て器でよく混ぜる。ゴムべらでかき混ぜながら中火にかけ、コトコト沸騰したら弱火にし、混ぜながら1分ほど煮て火を止める。
2 かき混ぜながら粗熱を取り、茶こしでこして容器に移し、冷蔵庫で冷やす。

同量のお湯で割って飲んでもおいしい

紅茶生《しょう》姜《が》シロップ

材料（作りやすい分量）

砂糖　50g
水　150mℓ
紅茶の葉　6g（大さじ1強）
しょうがの絞り汁　小さじ1

作り方

1 鍋に水を入れて火にかけ、沸騰したら紅茶の葉を入れて火を止め、1分ほど蒸らす。
2 **1**を茶こしでこしてボウルに移し、砂糖、しょうがの絞り汁を加える。ゴムべらで混ぜながら砂糖を溶かし、冷蔵庫で冷やす。

お茶の風味にさわやかさをプラス

緑茶レモンシロップ

材料（作りやすい分量）

砂糖　50g
水　150mℓ
緑茶の葉　6g（大さじ1強）
レモン果汁　小さじ1

作り方

1 鍋に水を入れて火にかけ、沸騰したら緑茶の葉を入れて火を止め、1分ほど蒸らす。
2 **1**を茶こしでこしてボウルに移し、砂糖、レモン果汁を加える。ゴムべらで混ぜながら砂糖を溶かし、冷蔵庫で冷やす。

まっちんのレシピノート

おやつのレシピやアイデアは
手を動かしながら生まれてきます

新しいレシピやおやつを考えるとき、頭の中でイメージをふくらませたら、まずはとにかく作ってみます。形にしてみるといろんな気づきがあって、もう少しこうしたほうがいいかなとか、もっと自分らしくしたいなとか、思いついたアイデアを次から次へと試してみたくなります。作り方を変えながら、材料を足したり引いたり。何度も何度も作って、自分のイメージに近づけていきます。

この本のレシピは、家庭でおやつを手作りするみんなの笑顔を思い浮かべながら、じっくり想いを込めて考えたものばかり。肩ひじはらずにかんたんにできて、作れば作るほど楽しくなる、そんな日常のおやつレシピになったらうれしいです。

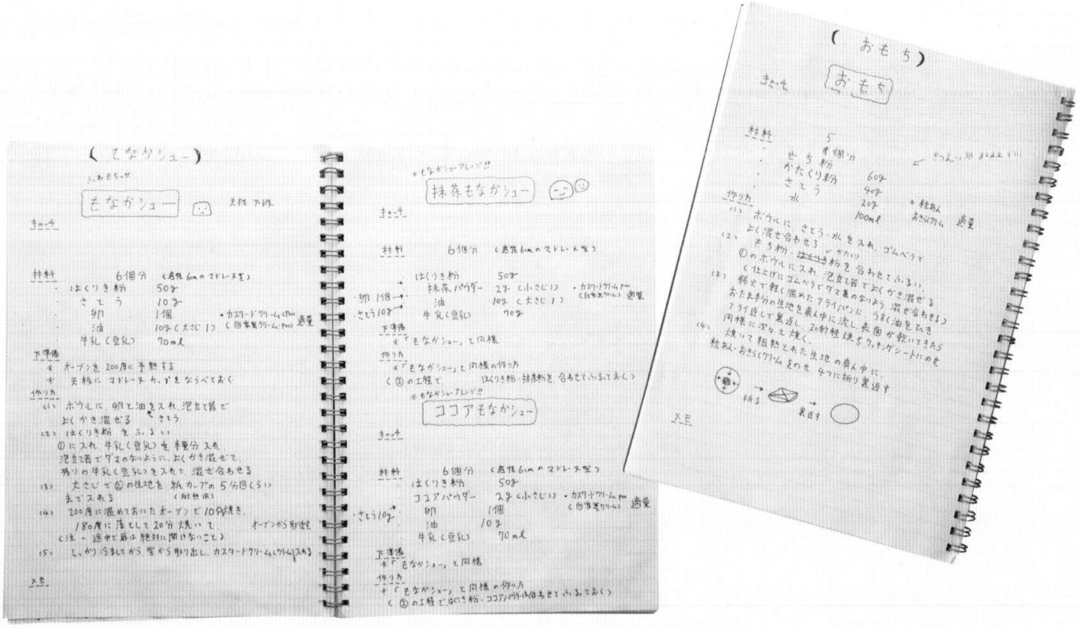

レシピが完成に近づいたらノートに手書きでまとめます。ところどころに残る修正ペンは、何度も重ねた試作のあしあと。

行きつけの純喫茶は昭和のインテリアとしっとり落ち着いた雰囲気で心和む場所。

ノートの隅におやつのイラストを描いたりして、楽しみながらイメージをふくらませます。

おいしいコーヒーとマスターとのおしゃべりに、ほっと一息。

レシピを書くときは集中して、一字ずつ心を込めてていねいに。

アナログな手書きの文字で おやつへの想いや遊び心を伝えたいです

ぼくはパソコンを使わないアナログ人間。だからいつもメモ帳を持ち歩いて、思いついたアイデアをペンで書き留めています。そしてレシピが完成に近づいたら、一冊のノートに材料も工程も手書きでまとめます。一字一字ていねいに。そのほうが自分の中でも確認できるし、何よりおやつへの想いを込められると思うんです。おやつ教室で配るレシピやおやつ喫茶のメニュー表も必ず手書き。ときには、お菓子のイラストを小さく入れたりして。おやつ作りに大切な遊び心も伝えたいなぁ。

それから、書きものをするときは決まって近所の純喫茶へ行っています。昭和のノスタルジックな雰囲気が大好きなぼくにとって、いちばん落ち着けて集中できる場所。この本も行きつけの喫茶店で書き上げました。

part4

もなか

軽くてもっちりしたもなか、ふんわりやわらかなシュークリーム。
和と洋のいいとこ取りをした、どこにもない“もなか”を考えました。
材料を混ぜたら、型に流してオーブンへ入れるだけ。
力いっぱい練ったり、袋で絞り出す手間もかかりません。
お菓子作りが初めての方にも、気楽に作ってもらえたらうれしいです。

もなかシュー

シュークリームって、作り慣れていないとなかなかうまくいきません。
もっと手軽に作れる方法はないかと、試行錯誤を重ねました。
高温で焼きあげることで、卵の力を使ってぷっくりふくらませます。

材料（底径6cmのマドレーヌカップ6個分）

薄力粉　50g
砂糖　10g
植物油　10g
卵　1個
牛乳　70㎖
カスタードクリーム（P76参照）　適量

下準備

- オーブンを200℃に温める。
- マドレーヌカップに植物油を薄くぬり、天板に並べる。

作り方

1
ボウルに卵、砂糖、油を入れ、泡立て器でしっかりと混ぜ合わせる。

2
薄力粉をふるって**1**に加え、牛乳を半量加えて泡立て器でダマがなくなるまでかき混ぜる。残りの牛乳も加え、混ぜ合わせる。

3
2の生地を注ぎ口のついた容器に移す。マドレーヌカップに5分目まで流し入れる。

4
200℃のオーブンで10分焼き、180℃に下げてさらに20分焼く。焼きあがったら型からはずし、冷めたら横半分に切ってカスタードクリームをはさむ。

まっちんメモ
生地がふくらまなくなるので、焼きあがるまでオーブンの扉は絶対にあけないこと。
シューの形が少しふぞろいでもご愛嬌。味はどれもおいしくできます。

すぐに作れて
かんたん！

カスタードクリーム

片栗粉で作るぷるんとした固めのクリームは、口に入れるとなめらかに溶けます。
スプーンですくって使えるので、絞り袋いらずなのもうれしい。

材料（作りやすい分量）

牛乳　100㎖
砂糖　20g
卵黄　１個分
片栗粉　6g（小さじ 2）

作り方

1 鍋に砂糖、卵黄、片栗粉を入れ、泡立て器でしっかりと混ぜる。牛乳を少しずつ加えながら、よくかき混ぜる。

2 **1** をゴムべらで混ぜながら中火にかけ、コトコト沸騰したら弱火にし、１分ほど練り合わせて火を止める。

3 容器に移して粗熱を取り、ラップをかけて冷蔵庫で冷やす。

まっちん
メモ

片栗粉の代わりに薄力粉（大さじ1）でも同様に作れます。
あまった卵白１個分を使って、ふわふわマフィン（P40）にも挑戦してみよう。

ひんやり
おいしい！

カスタードアイスクリーム

**カスタードクリームの片栗粉を半量にして冷やし固めるだけでアイスクリームに！
シュー皮にはさんだりおもちで包んだり、アレンジが広がります。**

材料（作りやすい分量）

牛乳　100mℓ
砂糖　20g
卵黄　1個分
片栗粉　3g（小さじ1）

作り方

1 鍋に砂糖、卵黄、片栗粉を入れ、泡立て器でしっかりと混ぜる。牛乳を少しずつ加えながら、よくかき混ぜる。

2 **1**をゴムべらで混ぜながら中火にかけ、コトコト沸騰したら弱火にし、1分ほど練り合わせて火を止める。

3 容器に移して粗熱を取り、ラップをかけて冷凍庫で3～4時間冷やし固める。

まっちんメモ　みるくクリーム、抹茶みるくクリーム、ごまみるくクリーム（P84）でも、
材料の片栗粉を半量に減らして、同様の作り方でアイスクリームが作れます。

もなか
アレンジ
1

抹茶もなかシュー

**ほんのり抹茶が香って和の趣があるもなかシュー。
豆腐を使った小豆クリームとも相性バツグン。**

材料（底径6cmのマドレーヌカップ6個分）

A
- 薄力粉　50g
- 抹茶パウダー　2g（小さじ1）

B
- 砂糖　10g
- 植物油　10g
- 卵　1個

牛乳　70mℓ
小豆クリーム（P86参照）　適量

下準備

- 「もなかシュー」と同じ。
- **A**を合わせてふるっておく。

作り方

1 ボウルに**B**を入れ、泡立て器でしっかりと混ぜ合わせる。
2 ふるっておいた**A**を加え、牛乳を半量加えて泡立て器でダマがなくなるまでかき混ぜる。残りの牛乳も加え、混ぜ合わせる。
3 **2**の生地を注ぎ口のついた容器に移し、マドレーヌカップに5分目まで流し入れる。
4 200℃のオーブンで10分焼き、180℃に下げてさらに20分焼く。焼きあがったら型からはずし、冷めたら横半分に切って小豆クリームをはさむ。

もなか
アレンジ
2

ココアもなかシュー

**ココア味のシュー皮にはみるくクリームがぴったり。
クリームとの組み合わせを考えるのも楽しい！**

材料（底径6cmのマドレーヌカップ6個分）

A
- 薄力粉　50g
- ココアパウダー　2g（小さじ1）

B
- 砂糖　10g
- 植物油　10g
- 卵　1個

牛乳　70mℓ
みるくクリーム（P84参照）　適量

下準備

- 「もなかシュー」と同じ。
- **A**を合わせてふるっておく。

作り方

1 ボウルに**B**を入れ、泡立て器でしっかりと混ぜ合わせる。
2 ふるっておいた**A**を加え、牛乳を半量加えて泡立て器でダマがなくなるまでかき混ぜる。残りの牛乳も加え、混ぜ合わせる。
3 **2**の生地を注ぎ口のついた容器に移し、マドレーヌカップに5分目まで流し入れる。
4 200℃のオーブンで10分焼き、180℃に下げてさらに20分焼く。焼きあがったら型からはずし、冷めたら横半分に切ってみるくクリームをはさむ。

抹茶もなかシュー

ココアもなかシュー

クッキーもなかシュー

卵を使わずに作ったクッキーに近い食感のシュー皮は、
じっくり噛みしめて食べたくなる味わい深さ。
もなかのように、あんこやクリームをサンドします。

材料（底径6cmのマドレーヌカップ5個分）

薄力粉　50g
ベーキングパウダー　2g（小さじ2/3）
砂糖　10g
植物油　20g
豆乳（または水）　60mℓ
抹茶みるくクリーム（P84参照）　適量

下準備

- オーブンを180℃に温める。
- マドレーヌカップに植物油を薄くぬり、天板に並べる。

作り方

1
ボウルに砂糖、油、豆乳を入れ、泡立て器で混ぜ合わせる。

2
薄力粉とベーキングパウダーを合わせてふるい、**1**に加え、泡立て器で混ぜる。粉っぽさがなくなったら、ゴムべらでダマがなくなるまでさっくりと混ぜ合わせる。

3
2の生地をスプーンですくい、マドレーヌカップに5分目まで入れる。

4
180℃のオーブンで30分焼く。焼きあがったら型からはずし、冷めたら横半分に切って抹茶みるくクリームをはさむ。

まっちん メモ
焼きあがりの目安は、表面にうっすらと焼き色がついた頃合い。
お好みで粒あんやいろいろなクリームをはさんで、アレンジを楽しんでください。

クッキー
もなか
アレンジ1

全粒粉もなかシュー

全粒粉らしい素朴な味とつぶつぶ感が魅力。
ぼくは何もはさまずにそのまま食べるのも好きです。

材料（底径 6cmのマドレーヌカップ 5 個分）

A
- 薄力粉　30g
- 全粒粉　20g
- ベーキングパウダー　2g（小さじ 2/3）

B
- 砂糖　5g
- 植物油　20g
- 豆乳（または水）　60mℓ

粒あん　適量

下準備

- 「クッキーもなかシュー」と同じ。
- **A** を合わせてふるっておく。

作り方

1 ボウルに **B** を入れ、泡立て器で混ぜ合わせる。

2 ふるっておいた **A** を加え、泡立て器で粉っぽさがなくなるまでかき混ぜたら、ゴムべらでダマがなくなるまでさっくりと混ぜ合わせる。

3 **2** の生地をスプーンですくい、マドレーヌカップに 5 分目まで入れる。180℃のオーブンで 30 分焼く。焼きあがったら型からはずし、冷めたら横半分に切って粒あんをはさむ。

クッキーもなかアレンジ2

ごまもなかシュー

黒ごまを入れてちょっとシックにアレンジしました。
きな粉クリームを合わせてより和風に。

材料（底径6cmのマドレーヌカップ5個分）

A
- 薄力粉　50g
- ベーキングパウダー　2g（小さじ2/3）

B
- 砂糖　10g
- 植物油　20g
- 豆乳（または水）　70mℓ
- 黒練りごま　15g（大さじ1）

きな粉クリーム（P86参照）　適量

下準備
- 「クッキーもなかシュー」と同じ。
- **A**を合わせてふるっておく。

作り方

1 ボウルに**B**を入れ、泡立て器で混ぜ合わせる。

2 ふるっておいた**A**を加え、泡立て器で粉っぽさがなくなるまでかき混ぜたら、ゴムべらでダマがなくなるまでさっくりと混ぜ合わせる。

3 **2**の生地をスプーンですくい、マドレーヌカップに5分目まで入れる。180℃のオーブンで30分焼く。焼きあがったら型からはずし、冷めたら横半分に切ってきな粉クリームをはさむ。

やさしい
甘さ

みるくクリーム

卵を入れずに作る、やさしい味のみるくクリーム。
牛乳のコクが楽しめて後味はさっぱり。
和のおやつにも洋のおやつにも合います。

材料（作りやすい分量）

牛乳　100mℓ
砂糖　20g
片栗粉　8g（大さじ1）

作り方

1 鍋にすべての材料を入れ、泡立て器でよくかき混ぜる。

2 **1**をゴムべらで混ぜながら中火にかけ、コトコト沸騰したら弱火にし、1分ほど練り合わせて火を止める。

3 容器に移して粗熱を取り、ラップをかけて冷蔵庫で冷やす。

まっちん
メモ

練るときは固まりができないように均等に混ぜるのがポイント。
片栗粉を半量に減らして冷やし固めると、アイスクリームになります（P77参照）。

みるくクリーム
アレンジ
1

抹茶みるくクリーム

材料（作りやすい分量）

牛乳　100mℓ
砂糖　20g
片栗粉　8g（大さじ1）
抹茶パウダー（茶こしでふるう）　2g（小さじ1）

作り方　「みるくクリーム」と同様にして作る。

みるくクリーム
アレンジ
2

ごまみるくクリーム

材料（作りやすい分量）

牛乳　100mℓ
砂糖　20g
片栗粉　6g（小さじ2）
黒練りごま　15g（大さじ1）

作り方　「みるくクリーム」と同様にして作る。

みるくクリーム
ごまみるくクリーム
抹茶みるくクリーム

あっさり
ヘルシー

とうふクリーム

**とうふペーストを使ったクリームは和の素材と相性よし。
無糖ヨーグルトでアレンジしたクリームも
あっさりヘルシーな味わいです。**

材料（作りやすい分量）

とうふペースト（P38 参照）　100g
砂糖　20g
片栗粉　3g（小さじ 1）

作り方

1 鍋にすべての材料を入れ、ゴムべらでよくかき混ぜる。
2 **1** をゴムべらで混ぜながら中火にかけ、コトコト沸騰したら弱火にし、1 分ほど練り合わせて火を止める。
3 容器に移して粗熱を取り、ラップをかけて冷蔵庫で冷やす。

まっちん
メモ

とうふペーストは豆乳（100mℓ）でも代用可。その場合は片栗粉を8g（大さじ 1）に増やして。
お好みでバニラエッセンス（3 滴）やラム酒（小さじ1）などを加えても◎。

とうふクリーム
アレンジ
1

きな粉クリーム

作り方　「とうふクリーム」と同様にして作る。

材料（作りやすい分量）

とうふペースト（P38 参照）　100g
砂糖　20g
片栗粉　3g（小さじ 1）
きな粉　10g

とうふクリーム
アレンジ
2

小豆《あずき》クリーム

作り方　「とうふクリーム」と同様にして作る。

材料（作りやすい分量）

とうふペースト（P38 参照）　100g
砂糖　20g
片栗粉　3g（小さじ 1）
粒あん　50g

とうふクリーム
アレンジ
3

ヨーグルトクリーム

作り方　「とうふクリーム」と同様にして作る。

材料（作りやすい分量）

ヨーグルト（無糖）　100g
砂糖　20g
片栗粉　6g（小さじ 2）
レモン果汁　10mℓ（小さじ 2）

きな粉クリーム
とうふクリーム
ヨーグルトクリーム
小豆クリーム

まっちんのおやつ会

みんなで楽しく作ろう！
おやつの輪を広げる「おやつ会」

ここ数年、全国各地のカフェや雑貨屋、学校などで、「まっちんのおやつ会」というおやつ教室を開かせていただいています。これは、見て、作って、味わって、おやつを手作りする楽しさをたくさんの方に伝えたいという想いから始めた活動です。こんなにかんたんにおやつが作れるんだ、ということを感じてもらって、作り方も楽しさも、まわりの家族や友だちにどんどん広めてもらえたらと思っています。

おやつ会で作るのは、フライパンで焼くかんたん大福やどら焼き、豆腐で練りあげる白玉だんご、自身の代表作であるわらびまんじゅうなどなど。おやつ会を開くたび、みなさんの創作力には驚かされます。特にお子さんの柔軟な発想には本当にびっくり。形をかわいくアレンジしたり、大人では思いつかないような盛りつけをしたり。ただお菓子を作るだけではなく、遊び心を持っておやつを作る大切さを、ぼくもあらためて感じることができました。一緒におやつを作った子が将来、お菓子職人になりたいと思ってくれたら、すごくうれしいなぁ。

そして、大人も子どももみんなが楽しそうに作る姿、おいしそうにおやつをほおばる笑顔を見て、この活動をやってきてよかったなとしみじみ感じます。参加された方から、家でもよくおやつを作るようになったという声がたくさん届きました。この活動をとおして、日本中に“おやつの輪”が少しずつ広まっていくといいな、と願っています。

おやつ会スタート！

まずはクッキー作り。ハート、お花、ネコ……楽しい形がいっぱい。

いろんな形ができたらオーブンへ。きれいに焼けるかな？

次はわらびもちに挑戦。びよーんと伸びておもちっぽい粘りが出てきた。

熱いうちに、ふわとろのおもちであんこを包みます。小さな手の中でそっと大切に。職人技がいるこの工程も上手にできた！

わらびもちが完成。クッキーもきれいに焼けてる！

お茶を煎れて、いただきま～す。みんなで作ったクッキーとわらびもちは格別！

part5

おもち

和菓子を作ってきたぼくは、もっちり食感のおやつが得意。
家庭では作る機会の少ないおもちにも挑戦してもらえるよう、
フライパンやオーブンでできる、かんたんレシピを考えました。
もっちもちのクレープや白玉粉の焼きドーナッツも登場します。
和菓子と焼菓子が融合した、まっちんならではの焼きおやつです。

基本のおもち

もち粉に片栗粉を混ぜて使うことで、
もっちり弾力のあるおもちに仕上がります。
粒あんやクリームをのせて包んだら、はい、できあがり！

材料（約5個分）

もち粉　70g
片栗粉　30g
砂糖　20g
水　100mℓ
粒あん、お好みのクリームなど　適量

一緒に作りたいレシピ

- カスタードクリーム（P76）
- みるくクリーム（P84～85）
- とうふクリーム（P86～87）

粒あんやクリームの包み方

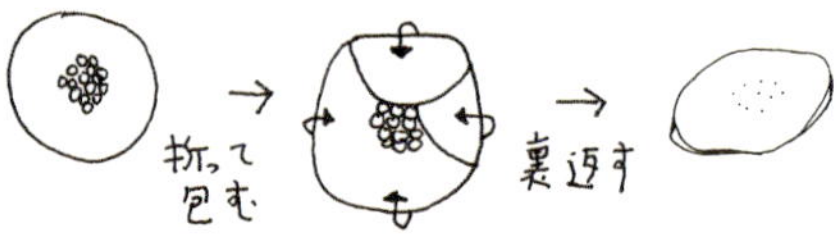

作り方

1
ボウルに砂糖、水を入れ、泡立て器でよく混ぜ合わせる。

2
もち粉と片栗粉を合わせてふるい、**1**に加える。泡立て器でダマがなくなるまでしっかりと混ぜ合わせる。

3
フライパンを弱火で軽く温め、植物油（分量外）を薄くひく。おたま1/2杯分の生地を真ん中に流し入れる。表面が乾いてヒビが入ってきたら裏返して20秒ほど焼き、クッキングシートにのせる。残りも同様に焼く。

4
粗熱を取り、生地の真ん中に粒あんやクリームをのせる。生地を4方向から折って包み、裏返して形をととのえる（上のイラスト参照）。

まっちん メモ
生地は泡立て器ですくったとき、線のように細くなって消えるくらいがベスト。
もち粉の種類によって変わってくるので、固いようなら水を少し加えてください。

おもちアレンジ 1

抹茶もち

**抹茶を加えると、おもちもよそいき顔に。
来客時のお茶うけにしても喜ばれそうです。**

材料（約5個分）

A
- もち粉　70g
- 片栗粉　30g
- 抹茶パウダー　2g（小さじ1）

砂糖　20g
水　100mℓ
粒あん、お好みのクリームなど　適量

下準備

- **A** を合わせてふるっておく。

作り方

1 ボウルに砂糖、水を入れ、泡立て器でよく混ぜ合わせる。
2 ふるっておいた **A** を加え、泡立て器でダマがなくなるまでしっかりと混ぜ合わせる（固いようなら水を少し加える）。
3 フライパンを弱火で軽く温め、植物油（分量外）を薄くひく。おたま1/2杯分の生地を真ん中に流し入れる。表面が乾いてヒビが入ってきたら裏返して20秒ほど焼き、クッキングシートにのせる。残りも同様に焼く。
4 粗熱を取り、生地の真ん中に粒あんやクリームをのせる。生地を4方向から折って包み、裏返して形をととのえる。

おもち
アレンジ
2

みるくもち

水を牛乳に代えて作る、ちょっと洋風のおもち。
季節のフルーツを包むのもおすすめです。

材料（約5個分）

A
- もち粉　70g
- 片栗粉　30g

砂糖　30g
牛乳（または豆乳）　100mℓ
粒あん、お好みのクリームなど　適量

下準備

- **A**を合わせてふるっておく。

作り方

1 ボウルに砂糖、牛乳を入れ、泡立て器でよく混ぜ合わせる。

2 ふるっておいた**A**を加え、泡立て器でダマがなくなるまでしっかりと混ぜ合わせる（固いようなら牛乳を少し加える）。

3 フライパンを弱火で軽く温め、植物油（分量外）を薄くひく。おたま1/2杯分の生地を真ん中に流し入れる。表面が乾いてヒビが入ってきたら裏返して20秒ほど焼き、クッキングシートにのせる。残りも同様に焼く。

4 粗熱を取り、生地の真ん中に粒あんやクリームをのせる。あんを包み込むように丸めて生地の端をくっつけ、裏返して形をととのえる。

アイス大福

焼いたおもち生地でアイスクリームを包みます。
アイスは手作りでも市販品でもお好みのものでどうぞ。
溶けないうちに、できたてをほおばって。

材料（約5個分）

もち粉　70g
片栗粉　30g
砂糖　20g
豆乳（または牛乳）　100mℓ
アイスクリーム　適量

一緒に作りたいレシピ

- カスタードアイスクリーム（P77）
- みるくクリームで作るアイスクリーム（P84～85）

作り方

1
ボウルに砂糖、豆乳を入れ、泡立て器でよく混ぜ合わせる。

2
もち粉と片栗粉を合わせてふるい、**1**に加える。泡立て器でダマがなくなるまでしっかりと混ぜ合わせる。

3
フライパンを弱火で軽く温め、植物油（分量外）を薄くひく。おたま1/2杯分の生地を真ん中に流し入れる。表面が乾いてヒビが入ってきたら裏返して20秒ほど焼き、クッキングシートにのせる。残りも同様に焼く。

4
粗熱を取り、生地の真ん中にアイスクリームをのせる。端からひだを寄せながら包み、裏返して形をととのえる。

まっちんメモ
大さじ1杯分で焼いた小さめのおもち生地2枚でアイスをはさんでもOK。
これならお子さんでも簡単に手早く作れます！

おもちクレープ

おもちみたいなクレープみたいな、新感覚のおやつ。
薄く焼いた生地は、弾力があってもっちもちです。
折りたたんだり丸めたり、自由に盛りつけてみよう。

材料（約3枚分）

薄力粉　30g
片栗粉　20g
卵　1個
砂糖　20g
植物油　10g
牛乳（または豆乳）　60mℓ

一緒に作りたいレシピ

- チョコレートシロップ（P68～69）
- カスタードクリーム（P76）
- みるくクリーム（P84～85）
- とうふクリーム（P86～87）

作り方

1
ボウルに卵を入れて泡立て器で溶きほぐし、砂糖、油、牛乳半量を加え、よく混ぜ合わせる。

2
薄力粉と片栗粉を合わせてふるい、**1**に加える。泡立て器でダマがなくなるまで混ぜ、残りの牛乳を加えて混ぜ合わせる。

3
フライパンを弱火で軽く温め、植物油（分量外）を薄くひく。おたま1杯分の生地を流し入れ、フライパンを回して生地を全体に薄く広げる。

4
表面が乾いてきたら竹串で端を持ちあげ、生地をつまんで裏返し、20秒ほど焼いて取り出す。残りも同様に焼く。

まっちんメモ
表面がしっかり乾いてから裏返すのが、やぶれないコツです。
いろいろなクリームをぬったり、フルーツを添えたり、アレンジはお好みで。

おもちクレープアレンジ 1

ココアおもちクレープ

ココア入りのもちもち生地をくるっと丸めておしゃれに盛りつけ。手作りチョコレートシロップで飾ってみました。

材料（約3枚分）

A
- 薄力粉　30g
- 片栗粉　20g
- ココアパウダー　2g（小さじ1）

卵　1個
砂糖　20g
植物油　10g
牛乳（または豆乳）　60mℓ

下準備

- **A**を合わせてふるっておく。

作り方

1 ボウルに卵を入れて泡立て器で溶きほぐし、砂糖、油、牛乳半量を加え、よく混ぜ合わせる。ふるっておいた**A**を加え、泡立て器でダマがなくなるまで混ぜ、残りの牛乳を加えて混ぜ合わせる。

2 フライパンを弱火で軽く温め、植物油（分量外）を薄くひく。おたま1杯分の生地を流し入れ、フライパンを回して生地を全体に薄く広げる。

3 表面が乾いてきたら、竹串で端を持ちあげ、生地をつまんで裏返し、20秒ほど焼いて取り出す。残りも同様に焼く。端から丸め、お好みでチョコレートシロップ（P68〜69）をかける。

おもちクレープアレンジ2

全粒粉おもちクレープ

卵を使わずに豆乳または牛乳を多めに加えて作ります。
生地そのもののおいしさをじっくり味わって。

材料（約3枚分）

A
- 薄力粉　30g
- 全粒粉　20g

砂糖　20g
植物油　10g
豆乳（または牛乳）　100mℓ

下準備

- **A**を合わせてふるっておく。

作り方

1. ボウルに砂糖、油、豆乳半量を入れ、泡立て器でよく混ぜ合わせる。ふるっておいた**A**を加え、泡立て器でダマがなくなるまで混ぜ、残りの豆乳を加えて混ぜ合わせる。
2. フライパンを弱火で軽く温め、植物油（分量外）を薄くひく。おたま1杯分の生地を流し入れ、フライパンを回して生地を全体に薄く広げる。
3. 表面が乾いてきたら、竹串で端を持ちあげ、生地をつまんで裏返し、20秒ほど焼いて取り出す。残りも同様に焼く。お好みできな粉クリーム（P86〜87）を全体に薄くぬり、生地の左右を中央へ折りたたみ、上下を3等分に折る。

おもちドーナッツ

白玉粉と豆腐をこねてオーブンで焼いてみたら、
もっちり食感の焼きドーナッツが完成しました。
“白玉だんごを焼く”って斬新でしょ？

材料（6個分）

白玉粉　50g
砂糖　10g
絹ごし豆腐　50〜60g

下準備

- オーブンを160℃に温める。
- 天板にクッキングシートを敷いておく。

作り方

1
ボウルにすべての材料を入れ、手のひらでギュッギュッと押しつぶし、ダマがなくなってなめらかになるまでこね、ひとまとめにする。

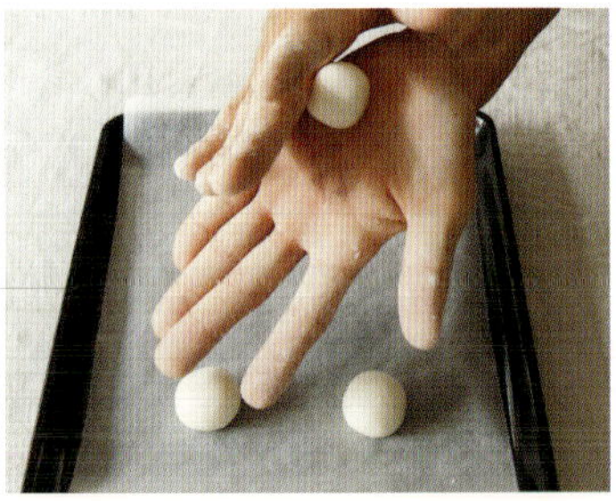

2
1の生地を6等分にし、丸めて天板に並べる。

3
160℃のオーブンで20分焼く。焼きあがったら冷まして粗熱を取る。

まっちんメモ
生地は親指のつけ根に体重をかけてしっかりこねます。耳たぶくらいのやわらかさになればOK。
絹ごし豆腐の代わりにとうふペースト（P38）でも作れます。少し冷ましてから食べるのがおすすめ。

おもち
ドーナッツ
アレンジ1

ごまドーナッツ

もちもち生地に黒ごまの風味とつぶ感がぴったり。
白ごまでも、もちろんおいしくできます。

材料（6個分）

白玉粉　50g
砂糖　10g
絹ごし豆腐　50〜60g
黒ごま（粒）　10g

下準備

•「おもちドーナッツ」と同じ。

作り方

1 ボウルにすべての材料を入れ、手のひらでギュッギュッと押しつぶし、ダマがなくなってなめらかになるまでこね、ひとまとめにする。
2 **1**の生地を6等分にし、丸めて天板に並べる。
3 160℃のオーブンで20分焼く。焼きあがったら冷まして粗熱を取る。

おもち
ドーナッツ
アレンジ2

きな粉ドーナッツ

きな粉が香ばしい和風の焼きドーナッツ。
お好みできな粉をふりかけてどうぞ。

材料（6個分）

白玉粉　50g
砂糖　10g
絹ごし豆腐　60〜70g
きな粉　10g

下準備

•「おもちドーナッツ」と同じ。

作り方

1 ボウルにすべての材料を入れ、手のひらでギュッギュッと押しつぶし、ダマがなくなってなめらかになるまでこね、ひとまとめにする。
2 **1**の生地を6等分にし、丸めて天板に並べる。
3 160℃のオーブンで20分焼く。焼きあがったら冷まして粗熱を取る。

ごまドーナッツ
きな粉ドーナッツ

基本の材料

材料はできるだけ国産で、自然な製法で作られたものを使いましょう。シンプルなお菓子ほど、良質な素材を選ぶとおいしく仕上がります。

1 薄力粉

国産のものが安心。しっとりとした食感に仕上がる北海道産薄力粉ドルチェをいつも使っています。

2 白玉粉

もち米が原料。コシがあってつるりとなめらかな白玉だんごが手軽に作れます。

3 卵

卵はMサイズの新鮮なものを手に入れましょう。ぼくは平飼いの有精卵を好んで使っています。

4 ベーキングパウダー

お菓子をふくらませるベーキングパウダーは、アルミニウム（みょうばん）不使用のものを選ぶとお子さんにも安心です。

5 片栗粉

おもにじゃがいもから作られるでんぷんの粉。クッキーにさくさく感を加えたり、クリームにとろみをつけたりします。

6 ヨーグルト

おやつを作るときは、無糖のプレーンヨーグルトを使いましょう。

7 牛乳

できれば低温殺菌で成分無調整のものを。カルシウムやたんぱく質などの栄養分が多く含まれます。

8 豆乳

有機大豆で作られたものがおすすめ。お菓子には無調整タイプを使います。

基本の道具

この本で使用する道具は、どの家庭にもあるものが基本です。あらためて買う必要はありませんが、そろえておくと便利なものを紹介します。

1 フライパン

ホットケーキやおもちを焼くのに使用。直径20cm程度の大きさで、フッ素樹脂加工のものも便利。

2 スケール（計量器）

スケールはデジタル式で1g単位で量れるタイプを使いましょう。

3 ボウル

やや大きめのボウルを使うと材料を混ぜやすいです。大中小と3サイズあると重宝します。

4 ざる

材料をこしたり、水気をきるときに使います。ボウルと大きさをそろえても。

5 泡立て器

材料をよく混ぜられる、自分の手に合ったものを選ぶとよいでしょう。

6 ゴムべら

生地をなめらかにするときに欠かせません。耐熱性のものが一本あると火にかけて使えます。

7 プリン型、パウンド型、マドレーヌカップ

この本では、プリン型は底径7cm、パウンド型は長さ18cm×幅8cm×高さ6cm、マドレーヌカップは底径6cmのものを使っています。

おわりに

この本を作るとき、ふとある一冊の本を思い出しました。
それは、30年近く町野家の本棚にそっと置かれているレシピ集。
おそらく、ぼくが小さいときに母親が買ったもので、
クッキーやケーキからだんご、まんじゅうまで、
和洋を問わず、いろんなお菓子の作り方が載っています。
少しなつかしさを感じるような写真や文章、
枠にとらわれない遊び心いっぱいの見せ方、
作ってみたくなるような親切な解説に、
ページをめくるたび、思わず胸がキュンとなります。
そして、この本も誰かにとってそんなお気に入りになったら
うれしいなぁと、素直に思ったんです。

地元の三重県伊賀市でお店を始めたのが平成16年。
平成22年からは岐阜県に活動拠点を移し、
自分の手で作るおやつを販売したり、
お菓子のプロデュースやレシピ開発をしています。

いつも心にある想いは、「30年後のおやつ作り」。
田舎のおばあちゃんが作ってくれるような
昔から日本で親しまれているおやつの素朴さや温かさを、
今の子どもたちが大人になるまでに
少しでも伝えていけたらな、と思っています。

「みんなに気楽におやつを作ってほしい」。
その一心で何度も何度も試作を重ね、
ひとつひとつ大切に磨きあげたレシピばかりです。
自分でも自信を持って太鼓判を押せる
ほかにはない一冊に仕上がりました。
この本のおやつが30年後、
みなさんのおうちの定番おやつになっていたら、
ほんとうにほんとうにうれしいです。

まっちん 

御菓子司
まちの

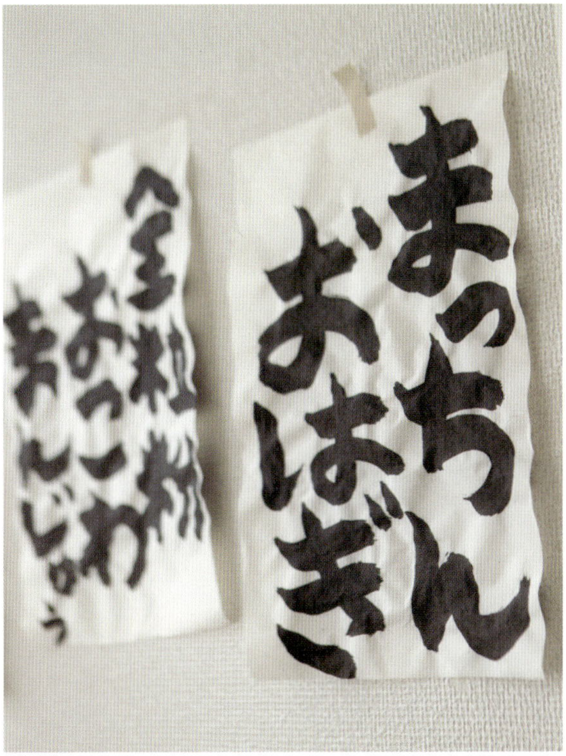
まっちん
おはぎ
〈全粒粉
まんじゅう

おやつや

町野仁英（まちの きみひで）

和菓子職人。愛称は「まっちん」。2004年、地元の三重県伊賀市にて自然素材にこだわった「和菓子工房まっちん」をはじめる。米や豆や粉のおいしさを生かした素朴な和菓子が評判を呼び、全国に「まっちん」ファンが広がる。2010年からは岐阜県岐阜市に活動拠点を移し、和菓子屋の立ち上げや老舗油屋とのコラボ商品のプロデュースを手がける。カフェやギャラリーでのおやつ会やワークショップ、イベントでの販売など、全国各地で活動中。著書に『まっちんのおやつ』（WAVE出版）。

Staff

撮影　安彦幸枝
デザイン　阪戸美穂、堀いずみ
イラスト　田槙奈緒
スタイリング・文　マチノカオリ
編集　田村裕美
校正　西進社

器協力／吉田次朗（陶芸）、川端健夫（木工）、安福由美子（陶芸）、木全俊吾（金工）、今川ゆきこ（布）
撮影協力／澤田未来、澤田美未

まっちんのおやつの直売店
・おやつや まっちん
・和菓子工房 まっちん
・ツバメヤ
・山本佐太郎商店

おやつ職人まっちんHP　http://mattin.jp

まっちんのかんたん焼きおやつ

2014年10月20日　初版第1刷発行

著者　町野仁英

発行者　中川信行
発行所　株式会社マイナビ
〒100-0003　東京都千代田区一ツ橋1-1-1　パレスサイドビル
TEL 048-485-2383（注文専用ダイヤル）
03-6267-4477（販売部）
03-6267-4403（編集部）
URL http://book.mynavi.jp

印刷・製本　図書印刷株式会社

ISBN 978-4-8399-5307-2